L'OMBRE DE 89

PARIS. — IMPRIMERIE DE J. CLAYE

RUE SAINT-BENOIT, 7

EUGÈNE PELLETAN

L'OMBRE DE 89

LETTRE

A M. LE DUC DE PERSIGNY

PARIS

PAGNERRE, LIBRAIRE-ÉDITEUR

18, RUE DE SEINE, 18

1863

L'OMBRE DE 89

LETTRE A M. LE DUC DE PERSIGNY

I.

Il ne faut pas grêler sur le persil, dit le proverbe. Pour peu, en effet, qu'on ait le respect de soi-même, on ne combat pas un ministre de la veille. Quand le duc de Choiseul part pour Chanteloup, qui donc peut jeter la pierre à son carrosse ?

Ce n'est pas, Monsieur, que je compare une retraite à une disgrâce. Le duc de Choiseul avait perdu la faveur du maître, et une lettre de cachet l'expédiait en Touraine. Vous, au contraire, vous tombez mollement du pouvoir sur un coussin brodé d'une couronne ducale.

Néanmoins, il y a quelque temps, vous étiez Excellence, simple comte à la vérité, mais tout-puissant, rue de Grenelle. On attendait votre passage, le chapeau dans la main, à la porte de votre antichambre, et on étudiait chaque matin la météorologie de votre figure, avec autant de soin que M. Leverrier interroge l'état de l'atmosphère.

Aujourd'hui, vous n'êtes plus que le duc de Persigny; ce qui est encore quelque chose, je me hâte de le reconnaître. Le chancelier Pasquier se trouva duc aussi, un matin, en lisant le Moniteur. — Que pensez-vous de mon nouveau titre? disait-il à Royer-Collard.

— Que vous êtes assez fort pour le porter, répondit l'autre avec son terrible sourire.

Je ne vous retournerai pas le compliment, de crainte de passer pour flatteur; mais quand bien même une armoirie de plus à votre blason ne vous aurait pas indemnisé d'un portefeuille, je me garderai bien de vous croire humilié, pour être rentré dans la vie privée.

C'est là qu'on vit le mieux, Monsieur le duc, et qu'on met sa dignité à couvert; vous êtes d'ailleurs toujours sénateur, membre du conseil privé. Votre ombre porte loin... Quoi qu'il en soit, je respecte votre situation; si je dis un mot qui entre dans votre blessure, je n'ai rien dit; le mot a trahi ma pensée.

La liberté d'ailleurs a aussi sa fierté; elle aime à traiter de puissance à puissance; vous l'auriez effleurée en passant; elle aurait le droit de vous prendre à partie, qu'elle ne céderait pas à la tentation : elle n'y trouve plus assez de danger.

Nous causerons simplement, entre nous, devant le public; c'est encore, croyez-le bien, le meilleur auditoire. Le dieu du loisir vous accorde en ce moment le bonheur de faire de la philosophie gouvernementale; quand vous soutenez une théorie de gouvernement, vous aimez, je n'en doute pas, à recevoir la réplique.

La contradiction prouve qu'on prend une doctrine au
sérieux et, pour ma part, je l'ai toujours recherchée.
J'ajouterai même que j'en ai tiré bénéfice': il n'y a rien
de tel qu'un adversaire pour nous remettre dans le
droit chemin. Aussi, chaque fois que je lève la tête au
ciel, je lui demande un contradicteur.

II.

Vous semblez avoir, Monsieur le duc, une haine personnelle contre l'éloquence; vous la regardez comme
une ennemie, je veux dire l'ennemie du peuple français. Quand vous avez dit d'un gouvernement que « le
pouvoir y était le prix de l'éloquence, » vous croyez
avoir dit tout ce qu'on peut trouver de plus humiliant
pour un régime. Et pourtant vous êtes l'homme qui a
le plus besoin de parler; je ne dis pas que vous parlez
mal, tant s'en faut, ni même éloquemment, puisque
l'éloquence vous paraît une injure; mais enfin vous
parlez beaucoup.

Vous avez passé le mois de mai en conversation sui-
vie avec le pays; vous croyez qu'on retourne un peuple
d'un mot et qu'on le fait voter par circulaire; vous avez
donc adressé discours sur discours au peuple de Paris:
les bornes portent encore les traces de votre éloquence.

Et je ne parle pas de cette autre éloquence discrète
que vous écouliez confidentiellement par le télégraphe,

à l'adresse de tout ce qui est préfet ou commissaire de police. D'un bout à l'autre de la France, l'air était plein de votre parole; il n'y a pas, je présume, un fil électrique qui n'en ait frémi.

Mais aujourd'hui, vous n'avez plus à donner le mot d'ordre au suffrage universel; vous ne portez plus la responsabilité du salut de l'État; vous pouvez chasser, vendanger, promener vos rêveries au milieu des rosiers de Chamarande; lorsqu'on vient de quitter les hommes, les roses ont tant de parfum! Et si l'air de votre pays vous pèse, la locomotive fuit à fond de train et laisse, en sifflant, la France derrière elle. Partez avec la vapeur; allez visiter en Italie les ruines toujours douces au cœur mélancolique; à moins que vous ne préfériez passer les mers, traverser au galop les pampas du Mexique, pour voir sortir de l'œuf l'aiglon d'un nouvel empire. Et quand, en France ou hors de France, vous n'avez qu'à vous livrer à la délicieuse détente de corps et d'esprit d'un homme d'État en retrait d'emploi, voici que vous vous hâtez d'adresser un nouveau discours au peuple français.

Et où donc? au conseil général? C'était là autrefois votre tribune; mais votre successeur vient d'en bannir la politique: vous savez trop le respect qu'on doit à un ministre de l'intérieur pour avoir enfreint la consigne. Vous êtes allé modestement glisser une leçon de droit constitutionnel dans un cercle artistique de Saint-Étienne.

Je vous en fais mon compliment, Monsieur le duc; je voudrais que l'éloge eût plus de valeur, mais tel quel, je vous l'offre de tout cœur, sans arrière-

pensée. Car, savez-vous ce que prouve le désir de
parler ? Il montre le besoin d'avoir raison.

Depuis que Dieu est Dieu et que la raison est sa fille
aînée, je ne connais pas de besoin plus digne de respect. Mais, si vous l'éprouvez, je l'éprouve à mon tour,
et, à ce titre, je demande la permission de répondre à
votre théorie de la liberté.

Vous ne prétendez pas, je suppose, avoir raison tout
seul, et, à moins de vous poser en concurrent du Saint-
Esprit, vous devez désirer qu'on vous aide à chercher
la vérité, j'allais dire à la trouver.

III.

Il y a onze ans, quand nous étions encore assez près
de la liberté pour en avoir l'image présente à la mémoire
et pour en sentir la privation dans toute sa fraîcheur,
on voulait bien nous accorder qu'elle avait sombré dans
la bourrasque.

M. Troplong nous apprenait alors que la liberté nui-
sait au peuple français. Il nous offrait en échange le
principe d'autorité. Il voulut cependant nous laisser un
os à ronger : il nous abandonna la liberté civile.

Il n'ajouta pas toutefois puérile et honnête ; car enfin
si nous n'avions pas la permission de conduire notre
pot-au-feu comme nous l'entendons, de déjeuner à notre
heure et de dîner à notre fantaisie, que resterait-il à
faire à notre libre arbitre ?

Et maintenant qu'on suppose la liberté complétement
effacée de notre souvenir, évanouie dans la vapeur du
lontain, on nous dit chaque jour dans certaine presse :
que demandez-vous donc? la liberté? Vous l'avez. Regardez votre main; elle y est, non pas comptée et mar-
chandée, mais pleine et entière. Il faut, en vérité, que
Minerve ait déménagé de votre cerveau pour ne pas
vous sentir plus libre que le peuple le plus émancipé
de l'un et de l'autre hémisphère.

Et vous, Monsieur le duc, vous soutenez alternative-
ment l'une et l'autre thèse et vous n'avez pu encore
vous mettre suffisamment d'accord avec vous-même,
pour révéler à la France si elle possédait, oui ou non,
son contingent de liberté.

Il y a des jours où le soleil brille, où il fait clair dans
votre esprit, et alors vous secouez la tête et vous dites :
elle est morte. Vous avouez loyalement que le régime de
la presse est un régime *dictatorial* et *arbitraire*. Je ré-
pète mot pour mot votre formule.

Mais vous ajoutez aussitôt : si nous n'avons pas la
liberté, nous l'aurons. La Constitution la nomme quelque part la toiture de l'édifice ; seulement vous soup-
çonnez que l'édifice restera découronné jusqu'à la fon-
dation de la dynastie.

C'est une date : mais, en attendant, nous qui commen-
çons à blanchir, verrons-nous la terre promise? pourrons-
nous en boire l'eau courante? ou bien ne ferons-nous
que marcher dans le désert et après cela dans le désert,
et toujours à la poursuite de la source, toujours en fuite,
du mirage?

Voilà votre première version, Monsieur le duc; puis

vient un autre jour ; le temps est brumeux, on y voit à
peine en plein midi ; et alors, oubliant ce que vous avez
dit, ce qu'a dit avant vous la Constitution, vous venez
nous enseigner que nous jouissons définitivement de la
liberté ; non pas de la liberté anglaise, quel bon patriote
pourrait en vouloir? mais de la liberté française, de la
liberté flatteuse pour notre amour propre, de la liberté
de notre tempérament, de notre terroir, tout à fait la
nôtre, aussi la nôtre que la truffe de Périgord et la blan-
quette de Limoux.

Je vous crois sincère, Monsieur le duc, dans l'une et
l'autre version ; je n'y vois que l'intermittence d'opinion
d'un ministre que la vie publique a pris à l'improviste
et qu'elle a porté au pouvoir, du jour au lendemain.
Vous aviez mieux à faire, je le reconnais, qu'à mettre
de l'ordre dans votre libéralisme et qu'à rédiger une
monographie exacte de la liberté.

Mais il y a tel autre, tel enfant perdu de la presse,
moins affairé, plus calme d'esprit, parfaitement apte à
distinguer la bonne de la fausse monnaie, en fait de
libéralisme ; or celui-là va répétant chaque matin que la
France possède plus de liberté qu'elle n'en peut con-
sommer et qu'elle crie famine sur un tas de blé, comme
madame de Sévigné.

« Je voudrais bien savoir si cet homme a jamais dit la
vérité, lors même qu'il se parle à lui seul. » C'est le mot
d'un Anglais sur le compte de je ne sais trop qui ; je
crois bien que c'est aussi d'un journaliste.

IV.

J'aime mieux la franchise de M. Romieu : celui-là ne cherchait pas à nous consoler de la chose par le mot, et à laisser dans la main de la France le manteau de Joseph, à défaut de Joseph ; quand on le trouvait sur son chemin, on savait toujours à qui parler.

La liberté pour lui, c'était le spectre rouge, c'était le bonnet rouge, c'était le rouge partout. Le pauvre homme avait l'imagination troublée du visionnaire qui voit un assassin sous le lit et saute par la fenêtre, pour fuir un fantôme.

Et à ce propos, Monsieur le duc, puisque nous avons tous deux, en ce moment l'oisiveté de la réflexion , je profite de l'aubaine pour vous conter un souvenir de jeunesse.

J'avais, dans le temps, un compagnon d'étude qui avait tant d'esprit après dîner, qu'on aurait pu le confondre avec M. Romieu. Un soir il arrive tout essoufflé :

— Qu'as-tu donc ?

— Ce que j'ai... Il ne peut achever ; il tombe sur un fauteuil.

Quand il eut repris haleine : — Je viens d'échapper à la mort, dit-il. Je passais sur le Pont-Neuf ; je regarde la rivière... Si l'idée me prenait de me jeter à l'eau, pensais-je en moi-même. Aussitôt je me vois noyé, et je prends ma course pour me sauver... Et me voilà ; et je vais de ce pas proposer au gouvernement de supprimer la Seine par mesure de salut public.

Donc, M. Romieu, de facétieuse et de lugubre mémoire, ne transigeait pas avec le mot de liberté ; le mot à son avis offrait le même danger que la chose, et, mot et chose, il les chassait, l'un portant l'autre, du territoire français.

La force et rien que la force, voilà pour lui toute la politique. De là, sa passion béate pour la vermine du césarisme au temps de Narsès. Un sabre en terre et silence là-bas! mort à qui osera bouger! Alors les gens d'esprit pourront dîner en paix et passer la soirée chez Ninon de Lenclos.

Tout cela était clair et irréprochablement logique. M. Romieu repoussait la liberté, il devait faire deux parts du peuple ; dire à l'une : tremble, et à l'autre : amuse-toi. Avec ce régime-là, si jamais l'an deux mille l'infligeait à la France, nous saurions à quoi nous en tenir.

J'ai dit irréprochablement logique ; je dois faire cependant une réserve ; M. Romieu trouvait dans son système que la raison déraisonne toujours et que la baïonnette seule parle raison ; il tenait la parole pour une empoisonneuse publique, et néanmoins il adressait sans cesse la parole au passant, sous forme de brochure. Que ne lui tirait-il plutôt un coup de pistolet?

Bien qu'il payât encore d'inconséquence, je comprends cependant le système sabreur de M. Romieu. Mais votre doctrine libérale sans la liberté, comme je l'entends du moins, me jette dans un prodigieux embarras. Il n'est pas besoin de vous dire cependant que je la préfère...

Non, je ne finis pas, je croirais vous insulter ; j'aime mieux constater simplement à votre honneur que la liberté en parole, c'est encore la liberté.

V.

Tenez, Monsieur le duc, vous voudriez l'aimer, j'en suis convaincu ; vous en parlez trop souvent. Quand on parle sans cesse d'une femme qu'on ne devrait plus nommer, on cherche un moyen honnête de renouer avec elle et d'oublier le passé.

Mais ce n'est pas tout d'aimer la liberté, il faut encore la comprendre. Il y a, dites-vous, autant de libertés dans le monde qu'il y a de nations, ou de différences d'épiderme : une liberté blanche, une liberté noire, une liberté cuivrée, et peut-être même une liberté incolore.

Il y a autant de libertés que de nations ? Je ne vous entends pas bien, Monsieur le duc ; est-ce que par hasard la liberté qui conviendrait à la France, ce serait l'absence de liberté ?

Du moment que, dans votre système, la liberté est chose purement arbitraire, géographique, ethnographique, anglaise en Angleterre, turque en Turquie, toute nation est libre, parfaitement libre puisqu'elle l'est comme elle doit l'être, par ordre du climat. Or, réclamer pour elle la liberté, c'est demander l'eau en pleine rivière.

Quoi! faudra-t-il, même sur la foi de votre théorie, admettre la liberté asiatique? Voici par exemple le Mogol ou l'équivalent à Caboul. Il possède du fait de sa constitution libérale, appropriée au tempérament de son peuple, la bourse et la tête de chacun. Quand on le salue, il ne rend pas lui-même la politesse, mais il la fait rendre par le bourreau. Il prend les quatre cinquièmes de tous les revenus et les mange consciencieusement en famille, avec ses éléphants et ses quatre cents femmes légitimes. Chaque année on met solennellement Sa Majesté dans une balance, et si elle pèse une livre de plus, on dit que l'État a prospéré. Est-ce là aussi la liberté?

J'aime la loyauté dans la discussion, je me garde bien de vous faire dire oui; je vous fais dire non, au contraire. Mais comment, par quel oubli de l'histoire avez-vous pu laisser échapper le mot de liberté à propos de Sparte? Savez-vous bien ce qu'était la liberté dans la caserne de Lycurgue? C'était le quart de la nation toujours au port d'armes et au régime de la gamelle; c'était le reste du peuple hilote ou métèque; c'était la femme, la robe au vent, et à discrétion; c'était la jeunesse cachée derrière une haie pour attendre le passant à l'affût et le tuer par derrière : manière honnête de faire sa main au métier de héros. Si c'est là encore la liberté, vive la servitude!

VI.

Non, Monsieur, quoi que vous en disiez, la liberté
ne porte pas le manteau d'arlequin ; il n'y en a pas
plusieurs sortes, ni de plusieurs couleurs ; il n'y en a
qu'une, toujours une et partout la même ; un peuple l'a
ou ne l'a pas, ou bien ne l'a qu'en partie : voilà toute la
différence. On pourra la mettre sur le chevalet, qu'on ne
lui fera jamais dire à la torture autre chose que ce
qu'elle dit, ni signer un changement de personne.

Elle ne saurait avoir autant de sens contradictoires
qu'il y a de races d'hommes ou d'États sous le soleil ;
signifier tolérance en Suisse et inquisition en Espagne,
droit de parler en Belgique et censure en Russie, franchise en Angleterre et douane en Autriche, monopole en
Égypte et droit commun en Amérique.

J'ignore, Monsieur le duc, si vous vous faites une
idée claire d'une liberté bicéphale qui permet et qui
défend, qui protége et qui brûle, qui affranchit et qui
bâillonne ; mais je crois que Babel elle-même, dans
toute l'inspiration de son génie, eût renoncé à la
nommer et à la placer dans son dictionnaire.

Il faut avouer que la langue humaine a parfois de
singuliers écarts et ose de tels accouplements que les
nymphes indulgentes de Virgile elles-mêmes en eussent
tourné la tête de pudeur. N'est-ce pas l'Amérique du
Sud qui appelle l'esclavage l'état de nature du nègre,
et la bastonnade, une forme spéciale du bonheur?

Vous avez trop de clairvoyance pour vous payer d'un mot et vous persuader à vous-même que le mot peut remplacer la réalité. On ne change pas à volonté le noir en blanc en donnant à l'un le nom de l'autre ; je ne connais que Pie IX qui ait fait ce miracle, et c'était à bonne intention.

Il venait de monter sur le trône de saint Pierre, et il voulait accorder une amnistie, pour don de joyeux avénement.

Il crut cependant devoir prendre l'avis du sacré collége ; il convoqua les cardinaux au Quirinal et les interrogea, un à un, sur l'opportunité de la mesure.

Tous l'approuvèrent de vive voix, comme une bonne inspiration. On alla ensuite au scrutin pour la forme ; mais lorsqu'on ouvrit la boîte, on n'y trouva que des boules noires.

Pie IX sourit, et, ôtant vivement de son front sa barrette de satin blanc, il la posa sur les boules réfractaires.

— Je les fais blanches, dit-il.

Et il donna l'amnistie.

Et vous, Monsieur le duc, lorsque vous posez le doigt sur la carte et que vous faites tous les peuples libres, à quelle inspiration vous livrez-vous en ce moment ? Si c'était pour reconnaître la liberté, nous pourrions encore en prendre notre parti.

Mais à la façon dont vous faites la physiologie comparée de la France et de l'Angleterre, je crains que ce ne soit précisément la boule blanche que vous ayez changée en boule noire, pour repousser l'amnistie de la liberté.

VII.

La liberté en Angleterre, dites-vous, c'est son aristocratie ; l'une et l'autre font un seul corps et fonctionnent l'une par l'autre ; retirez à la constitution britannique son lord massif, gorgé de porter, pour faire contre-poids à la liberté, et il n'y a plus de liberté ; l'Angleterre n'est qu'une barque à la dérive, sans lest ni gouvernail.

Mais la France a mieux qu'une aristocratie, elle a une démocratie, c'est-à-dire une population unie comme une plaine, sans aspérité nobiliaire, sans lord ni landlord. Une démocratie exige naturellement une liberté à son image ; vouloir la soumettre au même régime de liberté qu'une aristocratie, ce serait donner au léopard la plume de l'autruche.

Voilà ce que vous dites, ou à peu près. Qu'à cela ne tienne, Monsieur le duc ; donnez-nous alors la liberté de la Suisse ou de l'Amérique. Il n'y a pas là d'aristocratie, que je sache ; et à défaut de la liberté anglaise trop aristocratique pour nous, à ce qu'il paraît, nous aurons du moins la liberté démocratique de Genève ou de Boston ; nous saurons nous en contenter.

La France, toutefois, est-elle bien une démocratie à cette heure-ci de l'histoire ? Il lui reste sans doute un vieux fonds démocratique du fait de sa révolution : le suffrage universel, le code civil, etc., etc.; mais ce n'est pas là ce qui constitue une démocratie à proprement parler.

La démocratie, à moins que le mot ne mente à lui-même, signifie le gouvernement du peuple par le peuple, le peuple en possession, non de la métaphysique, mais de la réalité du pouvoir.

Partout où la démocratie règne, elle gouverne en même temps; elle retient tous les droits de souveraineté et les délègue seulement à courte échéance. Sa nature propre, c'est l'élection incessante, c'est la mobilité du pouvoir, espèce de flotteur destiné à marquer le niveau de l'opinion.

Bonne ou mauvaise, voilà la démocratie; qu'on l'admette ou qu'on la rejette, elle est telle, et c'est telle qu'on doit l'accepter ou la combattre. Mais vouloir lui mettre la pourpre sur l'épaule, c'est faire violence à sa modestie.

Le cardinal Mazarin portait le prénom de Jules. C'était la moitié du nom de César. Lorsqu'il allait rendre le dernier soupir, une comète apparut à l'horizon.

— C'est la comète qui annonça la mort de César, lui dit un courtisan.

— Elle me fait trop d'honneur, répliqua le vieux diplomate.

Certes, je n'ai pas la fatuité d'être dans le secret du gouvernement; mais si j'en juge par l'apparence, c'est autre chose qu'une démocratie qu'il a voulu fonder.

Et cette autre chose, je le dis simplement pour rendre hommage à la vérité, c'est une monarchie impériale, héréditaire de mâle en mâle, par ordre de primogéniture, assistée d'une part d'un sénat inamovible, et de l'autre d'un corps législatif, rééligible tous les six ans, pour donner au peuple le temps de la réflexion.

La Constitution, dans sa lettre comme dans son esprit, a voulu préserver la France de la politique brusque et variable du *self-governement*, seul régime authentiqué de la démocratie. En contradiction à ce régime, et par mesure de prudence, elle a établi des pouvoirs à poste fixe ou à longue durée.

C'est là ce que Bonaparte appelait jeter dans le sol des assises de granit. Plus tard, à l'inspiration de la même prévoyance et en forme de commentaire à la constitution, le gouvernement a institué de nouveaux majorats et restauré les titres de noblesse. Or, je vous le demande, Monsieur le duc, le droit d'aînesse entre-t-il dans votre formule de la démocratie?

VIII.

Qu'importe la forme de gouvernement, nous a-t-on répondu un jour? ce n'est pas elle qui fait la démocratie, c'est l'égalité. A ce compte, il n'y a rien de plus démocratique au monde que le troupeau, qu'il soit nègre ou qu'il soit mouton, car il n'y a de différence, d'une tête à l'autre, que le prix d'achat.

Un journaliste de province va plus loin; il affirme l'incompatibilité radicale de la liberté avec l'égalité, il faut adopter l'une ou l'autre de toute nécessité; mais vouloir

les posséder toutes les deux à la fois, c'est un crime de
bigamie, un acte aussi sensé que de rêver à minuit le
tête-à-tête de la lune et du soleil.

L'Angleterre a pris la liberté; laissons-lui son clair
de lune et prenons le soleil, c'est-à-dire l'égalité; et
quand on nous demandera notre nom, nous aurons
le droit de répondre : le peuple le plus éclairé de
l'Europe.

J'ignore si le pauvre niais qui parle ainsi pour amu-
ser la galerie a réfléchi à ce qu'il disait; mais si jamais
il a la fantaisie de colporter son petit dualisme de la
liberté sans l'égalité, et *vice versâ*, au bord du lac Onta-
rio ou au bord du lac Léman, il y soulèvera, j'imagine,
un bel éclat de rire.

Quant à nous, troc pour troc, si la destinée nous
mettait en demeure, nous choisirions encore la liberté ;
nous y trouverions mieux le compte de la dignité humaine et la fierté permise à tout citoyen qui porte sur
le front quelque chose du ciel et n'entend l'abaisser
devant personne.

Mais égalité, mais liberté, quand donc la presse re-
noncera-t-elle à jongler avec ces deux mots et à les
lancer l'un après l'autre en l'air, comme la Du Barry
jetait ses oranges en criant : Saute Choiseul! saute
Praslin ! Y a-t-il donc antinomie entre ces deux idées?
est-ce que l'égalité est autre chose que la liberté?

La liberté, quelle qu'elle soit, implique toujours l'égalité ; car la liberté accordée à l'un et refusée à l'autre
perdrait aussitôt son nom de baptême, pour prendre
le nom de privilège.

L'égalité implique toujours en revanche la liberté

car, pourquoi demander l'égalité, si ce n'est pour avoir la permission de faire tout ce que fait le voisin? Or, qu'est-ce que cette permission, si ce n'est la liberté ou une forme de la liberté?

Et puis, avons-nous bien le droit de nous envelopper dans notre orgueil égalitaire? faudrait-il prendre une lanterne, pour trouver en France un homme qui court après un ruban ou après une particule?

Et si je cherchais bien autour de moi, verrais-je le niveau passé partout? Je prends la garde nationale, par exemple; tout le monde monte-t-il la faction à Paris? Tout le monde tire la conscription, je le reconnais; mais l'un part, l'autre paye : je ne blâme pas le fait, je le signale seulement; où est cependant l'égalité? Le soldat à la vérité a dans sa giberne le bâton de maréchal, mais je crains bien qu'il n'attrape pas le bâton et qu'il garde la giberne.

Je ne fais que jeter ma pensée, veuillez la compléter dans votre esprit; tout ce que je ne peux pas dire, votre esprit vous le dira. Mais si vous avez l'humeur égalitaire, n'allez pas croire que je m'en étonne; je m'en réjouis au contraire. Quand un duc adore l'égalité, qui donc pourra se dispenser de l'aimer?

IX.

Vous avez cherché la liberté, et vous l'avez trouvée partout; vous croyez devoir cependant nous en donner la définition : c'est la séparation des pouvoirs, dites-vous. Cette séparation existe donc partout, même en Russie? Et si elle n'existe pas, que devient votre théorie de liberté universelle, appropriée au tempérament de chaque État?

A ce propos vous croyez devoir citer Machiavel. Cet homme-là, Monsieur, ne fait pas autorité. Qu'on lui dresse, si l'on veut, une statue à Florence: quant à moi, je ne prononce jamais son nom de sang-froid; je ne vois dans ce génie à l'envers que le pédagogue du crime, qui a dressé tous les coquins du xvi° siècle, à commencer ou à finir par Philippe II, son chef-d'œuvre.

Avez-vous étudié à loisir cette longue figure espagnole, assujettie de travers sur une mâchoire pendante? Jamais le dieu du chacal n'a moulé le meurtre sur un masque, d'une main plus savante; cet homme tue pour l'amour de Dieu, avec autant de calme qu'il égrène son chapelet; le casuitisme l'a débarrassé du remords. La tête penchée sur sa poitrine, et roulé en quelque sorte sur lui-même, il couve son œuf et il le pond en lui, comme la vipère. Sa lèvre remue : murmure-t-il un *pater* ou un arrêt? L'un et l'autre à la fois : voilà l'élève de Machiavel.

Laissons le précepteur de côté, et revenons à votre théorie. La séparation des pouvoirs, à vous entendre, c'est la liberté !... Pas tout à fait : une liberté peut-être, et encore non, il faut parler avec exactitude; c'est tout simplement une garantie de la liberté.

Mais le moulin ne moud que le blé qu'il a sous la meule; de même la séparation des pouvoirs ne garantit que la liberté placée sous sa tutelle. Si la loi a mis son *veto* sur la liberté de conscience comme en Espagne, on a beau séparer les pouvoirs, le peuple espagnol n'a pas pour cela le droit de lire la Bible en commun. Si la volonté du maître a décrété la censure comme en Russie, on pourra mettre une cloison de plus, si l'on veut, entre le pouvoir exécutif et le pouvoir judiciaire : le Russe n'en aura pas davantage le droit de parler.

La séparation des pouvoirs existe sans doute en France à l'imitation de l'Angleterre, ce qui prouve, en passant, que la même institution peut convenir parfois à l'une et à l'autre, sans blesser notre amour-propre ; mais cette séparation existe-t-elle bien, en tout et partout, sur le territoire français? Je vous prends vous-même à témoin.

Lorsque M. de Persigny, pouvoir judiciaire, condamnait un journal, et que M. de Persigny, pouvoir exécutif, exécutait la sentence, où était, je vous prie, la séparation? Aviez-vous tracé une raie au milieu de votre fauteuil, et disiez-vous : De ce côté-ci c'est le juge, et de l'autre c'est le ministre? Cette façon de partager votre personne en deux me rappelle une anecdote du temps passé.

Il y avait un roi de Prusse du nom de Guillaume; son voisin George l'appelait mon frère le caporal. C'était un butor qui menait le Brandebourg à la baguette, et sa famille comme son royaume. Il bâtonnait volontiers son fils aîné, qui n'était autre que le grand Frédéric.

Un jour il appuya un peu trop sur le bâton; cette fois le jeune prince perdit patience, et, de connivence avec son menin, il complota de passer la frontière. Un exempt l'arrêta au moment où il mettait le pied à l'étrier.

Guillaume livra son fils à un conseil de guerre avec injonction de l'envoyer à la potence. Le conseil trouvait la chose juste en elle-même, mais il éprouvait un scrupule de légalité : la bulle d'or défendait de mettre à mort un prince héréditaire. Il alla verser son embarras dans le sein du roi Guillaume.

— Vous avez raison, répondit Sa Majesté, il faut respecter la loi ; mais ce scélérat n'est pas seulement héritier de la couronne, il est encore colonel de cavalerie.

Le conseil comprit la finesse de la distinction et condamna Frédéric à l'unanimité, tout en ayant soin de relater dans l'arrêt que le prince aurait la vie sauve et qu'on pendrait seulement le colonel.

Heureusement l'empereur d'Autriche intervint et sauva l'un et l'autre Frédéric ; sans quoi il manquerait un saint au calendrier des tueurs d'hommes, et l'humanité aurait été frustrée de l'immense avantage de la bataille de Rosbach.

X.

Ce n'est pas tout de séparer les pouvoirs, il faudrait encore fixer leur limite.

On a laissé au peuple le suffrage universel et au suffrage universel le droit de nommer le Corps législatif. Pourquoi toutefois un Corps législatif, si ce n'est pour contrôler le pouvoir ? Mais que devient le contrôle, quand c'est le contrôlé lui-même qui choisit son contrôleur ?

« Notre préfet sait mieux que nous ce qui nous convient, » a dit, dans le temps, un maire de village intitulé Grandjacquot. A ce compte, le préfet devrait nommer le député, il épargnerait au suffrage la fatigue du déplacement; ou plutôt il devrait se nommer lui-même député, car l'astre vaut toujours mieux que son reflet. Mais, par malheur, la constitution ferme la porte du Corps législatif au fonctionnaire ; il n'a pas le droit de se faire nommer, et il ferait nommer un sosie !.. Je ne comprends plus le motif de son exclusion.

Mais si le pouvoir se croisait les bras devant l'urne, dites-vous, il livrerait l'élection aux partis.

Et pourquoi non ? N'est-ce pas aux partis qu'elle appartient de plein droit ? Qu'est-ce donc qu'un parti ? C'est une opinion, c'est une idée en commun. Quand on fait appel au scrutin, c'est probablement pour interroger l'opinion du peuple français, et on voudrait exclure de l'interrogatoire, qui ? les partis, c'est-à-dire les seuls témoins qui peuvent répondre ! Comment connaître dès lors l'esprit du pays ?

J'accepterais encore votre argument si le pouvoir était un parti qui doute de lui-même et craint de tomber en minorité. Mais, vous le dites vous-même, Monsieur le duc, et je vous prends au mot, le gouvernement n'est pas un parti; il est mieux : il est le parti des partis, il est leur raison commune et leur maison de refuge. Quels que soient notre point de départ et le vent qui nous ait poussés, c'est en lui que nous nous donnons rendez-vous; toutes les opinions contemplent en lui leur idéal :

le légitimiste y trouve la monarchie ; le républicain, la démocratie ; l'orléanisme, la place mieux occupée, et la France entière, sa prospérité. Vous absorbez tout, vous êtes tout, vous êtes l'ordre, vous êtes le nombre, vous êtes la force des choses, vous êtes la religion populaire, vous avez enfin la sympathie de Dieu et des hommes, et, quand l'affection universelle de la France s'offre à vous et ne demande qu'à se livrer, vous prenez la peine inutile de peser sur elle et de la faire parler au lieu de la laisser parler !..

L'amour tient à donner de lui-même ce qu'il donne, pour avoir du moins le mérite de son cadeau.

Bussy-Rabutin avait la fougue militaire ; il aimait mieux prendre que recevoir. Quand il craignait un refus, il brusquait la fortune.

— Ah ! monsieur le comte, lui disait une femme d'esprit, que n'attendiez-vous ?

XI.

M. Piétri vous accusa un jour de méconnaître le mérite de la liberté ; il venait de quitter la préfecture de police ; il avait fait provision de libéralisme dans sa retraite, et il l'évaporait à la tribune du Sénat.

« Jetez-vous dans le peuple à corps perdu, disait-il,
« semez-y la liberté, semez-la à pleine main ; c'est une
« plante de bon rendement : elle vous remboursera au
« centuple. »

Vous avez écouté l'orateur, puis vous avez souri ; vous teniez déjà votre réponse dans votre pensée.

Et, en effet, à quelque temps de là, vous avez envoyé M. Piétri à Bordeaux. Vous aviez la réputation d'homme d'esprit, vous l'avez doublée dans cette circonstance ; mais, entre nous, vous y avez mis de la cruauté ; je vous trouve trop vengé.

Quoi qu'il en soit, comme je ne crains pas le sort de M. Piétri, j'oserai vous accuser à mon tour de méconnaître le mérite de la parole. Je ne sais quelle idée vous en avez au juste, mais, à la façon dont vous en parlez, il faudrait renoncer à parler soi-même et mettre sa langue au crochet.

Orateur, pour vous, signifie rhéteur, quelque chose comme un virtuose qui joue de la parole, de la même façon qu'un jongleur joue de la flûte pour charmer un serpent.

Je vous arrête, Monsieur le duc ; vous allez trop loin ; on ne gouverne dans ce monde qu'à la condition d'avoir raison et de prouver qu'on a raison ; car on ne fait le bien du peuple qu'autant qu'il s'y prête, et il ne s'y prête qu'autant qu'il se rend compte de son bonheur : il faut donc le mettre dans le complot.

Mais pour prouver on doit parler. Que ce soit la plume à la main ou à la tribune, n'importe, c'est toujours parler. La parole fait donc partie du talent de l'homme d'État. Vous le prouvez en ce moment par votre exemple.

Quant à l'éloquence, que vous a-t-elle donc fait pour vouloir la proscrire ? Ce n'est, après tout, que la toilette de la pensée. Croyez-vous déroger quand vous mettez votre cordon rouge et votre habit brodé ?

Mais à qui en avez-vous ? Ne serait-ce pas à M. Thiers ?
Vous le nommez tacitement, à chaque ligne de votre
discours ; on dirait que c'est votre compétiteur, à la manière dont vous le regardez du haut de l'épaule. — Tu
sais parler, semblez-vous dire ; mais je sais agir. Un
ancien avait déjà dit : L'acte est un mâle, et la parole
est une femelle.

La légèreté d'esprit pourra sourire de vous voir ainsi
tenir le miroir devant votre figure et sourire à votre
physionomie.

Eh bien ! dussé-je passer encore pour votre flatteur,
j'approuve de tout cœur cette coquetterie ; j'aime qu'un
homme d'État ait bonne opinion de lui-même ; qu'il
ait foi dans son étoile ; qu'il mette la main sous son
gilet ; qu'il dise : je sens là le sort du monde ; qu'il
dresse sa pensée le plus haut possible ; qu'il ait en un
mot l'ambition secrète de reposer au Panthéon, car c'est
à cette condition qu'on fait quelque chose de grand
dans ce monde, et qu'on paye aux hommes le prix de
son pouvoir. Le petit amour-propre façonnera toujours
le monde à son image ; je tiens la modestie pour une
vertu, au coin du feu ou dans un couvent ; mais elle n'a
rien à faire, absolument rien, à la guerre ni dans la politique. Un général modeste attaquera modestement et
perdra modestement la bataille.

Prenez garde toutefois ; la négation de la parole n'est
pas une supériorité, ce n'est qu'une modestie. Quand
la destinée vous appelle à gouverner la France, vous
n'avez pas le droit de vous refuser un mérite.

XII.

Mais remettre la parole en honneur, répondez-vous, c'est ramener le parlementarisme : le pouvoir à un discours, le ministère au scrutin, la flotte à un avocat, l'armée à un banquier, et la France, toujours sur le qui-vive, condamnée à regarder la girouette, pour savoir qui régnera demain.

Ici, Monsieur le duc, le sol brûle, je presse le pas. Il y a un proverbe indien qui prétend qu'il ne faut jamais contredire le puissant ni le mendiant : le puissant, parce qu'il est au-dessus de la critique ; le mendiant, parce qu'il est au-dessous.

Je vous demande la permission de mettre le parlementarisme à l'écart. A quoi bon d'ailleurs y revenir à tout propos ? Il est mort, paix à sa mémoire !

Autrefois, quand la foudre tombait quelque part, on déclarait l'endroit sacré : *sacer esto*; nul n'y mettait le pied : quand on marchait dans le voisinage, on tournait la tête et on signait sa poitrine.

Le régime parlementaire n'est plus aujourd'hui qu'une page déchirée ; mais, quoi qu'on en pense, on pourra dire à sa décharge qu'il avait du moins la fierté de se laisser discuter et qu'il ne craignait pas de se mesurer avec le raisonnement.

On pourra même ajouter qu'il rend encore service, du fond de son tombeau. Car, excepté vous, Monsieur le duc, excepté le général Espinasse et deux ou trois autres peut-être, c'est à son école que se sont formés les hommes d'État du présent : veuillez les compter sur vos doigts, je vais faire l'appel nominal...

Mais qu'ai-je besoin de les nommer? Vous n'avez qu'à prendre l'*Almanach impérial*, et vous y verrez que Sénat, Corps législatif, Conseil d'état, ministère, etc., le second empire a puisé l'élite de son personnel dans le lit aujourd'hui desséché du parlementarisme ; il a imité en cela le premier empire qui dépensa, lui aussi, la réserve de talents que la Constituante ou que la Convention avait créés, sans pouvoir à son tour renouveler la provision.

Y a-t-il générosité à prendre la fleur du panier et à jeter ensuite le panier au ruisseau? et puis, quand vous bafouez l'orateur, quand vous l'appelez rhéteur, si M. Billault allait vous entendre! Car lui aussi est orateur, et, mieux encore, orateur du gouvernement; c'est lui qui porte le poids du jour, dans la discussion de l'adresse.

Vous ne sauriez, d'un autre côté, dire un mot contre M. Thiers qui ne rebondisse sur M. Billault, car, au temps du parlementarisme, M. Billault servait dans le camp de l'illustre historien; il a fait même partie de ce ministère de 1840 qui fait monter le rouge à votre visage. Tant vaut l'un, tant vaut l'autre; et je ne vois pas pourquoi vous tendez la main au lieutenant et vous dites au capitaine : Retire-toi, tu n'es qu'un rhéteur!

XIII.

Il faut bien confesser toute sa pensée. Je parle d'ailleurs à cœur ouvert; quand un homme ouvre sa poitrine, on ne choisit pas ce moment pour le frapper.

Tout gouvernement, je dirai même tout parti, repose dans ce monde sur une théorie. Alors même qu'il n'est qu'un fait, il se hâte de sortir du fait pour s'élever à la dignité de doctrine; ce n'est qu'à ce titre qu'il a droit au respect de l'intelligence.

L'esprit ne veut pas subir, il veut accepter; or, il n'accepte quoi que ce soit dans ce monde qu'autant qu'il le comprend et qu'il le tient pour la vérité; donc, sous un gouvernement libre, celui-là prend la direction du pouvoir ou la direction de son parti, qui sait le mieux en formuler la théorie et en justifier la conduite.

Ce n'est pas le caprice de la faveur qui donne à un homme de penser et de parler mieux qu'aucun autre homme de son opinion ou de l'opinion contraire, c'est le génie, et à défaut du génie c'est le talent. Une ordonnance au *Moniteur* pourrait peut-être faire un ministre du premier venu, mais aucune ordonnance ne fera un orateur de la dimension de Pitt ou de Mirabeau.

Mirabeau se fait lui-même; le gouvernement parlementaire avait donc l'avantage de contraindre un ministre ou un apprenti ministre à fournir la preuve d'une valeur intellectuelle, non-seulement personnelle, mais encore supérieure à la valeur intellectuelle de n'importe

quel concurrent ou quel adversaire. La tribune mettait
ainsi le talent en lumière et le portait naturellement
au pouvoir. Supposez à Turin un régime sourd-muet
au lieu du gouvernement constitutionnel; comment le
roi de Piémont pourra-t-il deviner le comte de Cavour?

On l'a dit ailleurs, on le redit ici : gouverner, c'est
penser; on gouverne, je suppose, dans l'intention de
rendre un peuple heureux; or, pour le rendre heureux, il faut en connaître le moyen, et, pour connaître
ce moyen, à moins d'avoir la science infuse, il faut
étudier, réfléchir, méditer, faire acte en un mot de
pensée.

Mais penser et parler ne sont pas synonymes, direz-
vous peut-être. Non sans doute, à la rigueur. Ne vous y
trompez pas toutefois; on ne parle avec autorité dans
une assemblée qu'autant qu'on pense avec vigueur.
J'ai assisté à bien des séances du palais Bourbon, et
je n'ai jamais vu que la phrase pour la phrase, que la
phrase sans idée ait captivé l'auditoire.

Lamartine voyait souvent de plus haut et plus loin
que tout autre orateur. Il mettait à l'occasion le bon
sens de son côté, et plus d'une fois l'événement lui a
donné raison. Mais son éloquence avait le tort de tou-
cher de trop près à la poésie; il n'exerça jamais d'in-
fluence sur le parlement. On l'écoutait à peine d'une
oreille, puis on chuchotait à voix basse : Poëte! et on
levait l'épaule de pitié.

Vous avez pu connaître M. Dufaure, ou du moins l'entendre. La nature avait tout fait pour l'empêcher de
parler. Eh bien, malgré son masque rustique et son
accent nasillard, chaque fois qu'il prenait la parole,

avec l'implacable précision de sa dialectique il déga-
geait la pensée latente de chacun et il accouchait en
quelque sorte l'assemblée : « Il n'y a que M. Dufaure
parmi nous, me disait un orateur, qui ait eu le talent
de déplacer la majorité. »

XIV.

Vous déplorez le temps où les ministres assistaient
aux séances de la chambre et prenaient part aux débats.
Vous félicitez le pouvoir actuel d'avoir échappé à la
calamité de répondre à tout avocat assez indiscret pour
lui poser une question.

Vous vous trompez, Monsieur le duc; mais ce qui
prouve votre bonne foi dans cette circonstance, c'est
que vous vous manquez de mémoire à vous-même, et
que vous payez votre propre mérite d'ingratitude. Car
vous avez eu une bonne inspiration et une bonne page
dans votre vie, puisque vous avez, sinon inspiré, du
moins contre-signé le décret du 24 novembre.

Ce jour-là, vous avez rendu à la France la discussion
de l'adresse. De la part d'un parlementaire invétéré
comme M. Billault, la restitution eût semblé une re-
chute; mais de votre part elle paraissait une initiative,
et peu s'en fallut qu'on ne vous prît alors pour le res-
taurateur en douceur de la liberté.

On a dit à ce sujet que vous aviez commis une inconséquence; qu'après avoir aboli le régime parlementaire

pour délit de bavardage, vous l'aviez ressuscité à point nommé dans ce qu'il avait de plus bavard.

Je n'ai jamais partagé cette opinion. Sous un régime de liberté, il faut, dans l'intérêt même de la liberté, que le pouvoir vienne plaider chaque année contre l'opposition, et, selon qu'il a bien ou mal géré, il faut encore qu'il gagne ou qu'il perde son procès.

Ce n'est qu'après cette enquête contradictoire qu'on peut savoir si un ministre a mérité ou démérité du pays, et qu'on peut en toute sûreté de conscience lui laisser ou lui retirer son portefeuille. Cette perspective, d'un autre côté, oblige le ministre de redoubler d'attention sur lui-même pour ressaisir le pouvoir chaque fois qu'on le remet en question.

Le bonheur facile détrempe l'esprit comme le pouvoir aisé. Il faut un agent provocateur au progrès. Or cet agent ne peut être qu'un besoin ou qu'un danger. Qu'est-ce qui a fait de la Hollande, à un moment donné, la première nation de l'Europe? La menace de sombrer corps et biens à la moindre distraction.

La race hollandaise sentait le sol manquer ou trembler sous son pied; elle a dû le conquérir contre l'Océan et garder la conquête contre ce premier occupant, qui frappait sans cesse à la porte et réclamait en mugissant sa propriété.

« Gouverner sans la liberté, disait le comte de Cavour, « c'est l'enfance de l'art; mais gouverner avec la liberté, « voilà le comble du génie. » A quelle aune en effet peut-on prendre la mesure de la gloire, si ce n'est à la difficulté vaincue?

Nous vivons, nous passons, et pourtant, lorsque nous

descendons l'autre pente de la colline et que nous
voyons déjà l'ombre grandir devant nous, nous retour-
nons involontairement la tête en arrière pour reprendre,
d'un dernier regard, une heure notée entre toutes dans
notre jeunesse.

Cette heure, vous le dirai-je? c'est la résurrection
de l'éloquence. Alors Foy, alors Benjamin Constant, etc.,
faisaient tour à tour la leçon de la liberté au peuple
français; nous sentions passer dans leur parole la grande
âme de la Révolution, et nous avions, en les écoutant,
l'orgueil de notre patrie.

XV.

Vous avez dit, à Saint-Étienne, le fonds de votre
pensée; franchise pour franchise, Monsieur le duc, je
demande à mon tour la permission de vous parler en
toute vérité. Vous avez acquis le droit de l'entendre en
perdant le pouvoir.

Vous avez de l'amour-propre et vous avez raison,
mais, au risque de vous déplaire, je trouve que vous
n'en avez pas encore assez.

A chaque paragraphe de votre discours, vous vous
sentez grand, vous vous croyez grand, du moins d'intention, vous sentez et vous croyez le pays grand par
vous, et, sinon par vous, par la politique dont vous êtes
l'outil aujourd'hui au repos.

Et quand vous avez résolu pleinement, de votre
propre aveu, la question que la France a débattue en

vain pendant soixante ans, car depuis la prise de la
Bastille elle constituait, à proprement parler, une république irrégulière qui nommait son pouvoir au hasard
de l'événement;

Et quand vous tenez à la main la corne d'abondance,
quand vous la versez sur la nation, quand vous ne
pouvez pas faire un pas sans faire jaillir une gloire du
sol, quand votre politique resplendit sur votre tête
comme la lumière électrique, quand enfin on ne peut
la combattre sans faire trois fois preuve de folie, vous
croyez devoir cependant conserver au pouvoir la police
de la parole !

Vous avez peur, vous aussi... Et de quoi donc? Qu'on
ne conteste le soleil en plein midi? Si je pouvais avoir
un ennemi, ce serait le genre d'esprit que je lui sou-
haiterais. Quand un parti nie l'évidence, son jour est
compté : on peut appeler le fossoyeur.

Tenez-vous à l'approbation; commencez par tolérer
la critique. Si nous ne pouvons vous critiquer, vous
nous condamnez à vous admirer; vous faites une peine
de l'admiration : j'avais toujours cru que c'était une ré-
compense.

Du jour où la presse ne parlerait pas autrement que
le ministre de l'intérieur, elle n'aurait aucune raison
d'être; car à quoi pourrait servir une redite plus ou moins
délayée du *Moniteur?* C'est ici le cas ou jamais de
décréter la séparation des pouvoirs.

Je vous prends, Monsieur le duc, par votre parole;
plus vous faites votre propre éloge, plus vous faites
l'éloge de la liberté; plus vous argumentez contre elle,
plus vous concluez en sa faveur. La langue tourne dans

votre bouche à votre insu; vous croyez maudire la révolution, et vous finissez par la bénir.

Vous avez cru devoir encore repousser la responsabilité ministérielle pour l'acquit de votre conscience. Mais que vous dirais-je à cet égard que n'ait dit hier M. Laboulaye, avec cette éloquence tranquille du bon sens, qui marque profondément tout ce qu'elle a touché?

Je vous renvoie à l'article qu'il vient de publier, et, quand vous l'aurez lu, veuillez le méditer dans votre esprit. Vous devez avoir du temps à vous sous le ciel de Chamarande; et d'ailleurs à ce moment tout porte à la réflexion.

XVI.

Oui, vous avez raison, me voilà enfin d'accord avec vous, la France a horreur de la violence; elle a toujours aimé le rangement, elle l'aime encore aujourd'hui plus que jamais; car l'ordre c'est la santé d'un peuple. Respect à la loi, et paix à tout ce qui est respectable dans ce monde : à la religion et à l'épargne, ou, ce qui est la même chose sous un autre nom, à la propriété !

Ce n'est là cependant que la moitié de la devise du peuple français, le premier mot qu'elle a inscrit sur son drapeau; elle y a encore brodé un autre mot, à une autre époque; car si elle veut l'ordre, elle veut aussi la liberté.

Voilà soixante ans passés qu'elle cherche à résoudre le problème. Bonaparte le pouvait peut-être, et encore

je n'oserai l'affirmer, car j'ai, moi aussi, mes moments
de superstition, et je croirai volontiers que ce qui n'a
pas été n'était pas possible.

Et pourtant,... rêvons faute de mieux : le rêve vaut
bien la réalité.

C'est la veille de la bataille des Pyramides; Mirabeau
est mort à la peine; Lafayette est oublié au fond d'un
cachot; Vergniaud est éteint dans son premier rayon;
Robespierre est allé au rendez-vous que Danton lui avait
donné; Carnot, proscrit par un coup d'État, est errant
de montagne en montagne; Hoche est disparu avant
l'heure, emporté dans le sein de la Victoire. Il n'y a plus
un homme en France qui lève la tête au-dessus de la
foule; Bonaparte a le seul nom de la République, il y
tient la première place dans l'enthousiasme de l'opinion.
Déjà, du haut de sa renommée, il saisit le pouvoir en
esprit. Or, un soir dans sa tente, le coude sur son chevet,
il prépare son âme à son destin, et, comme dans une
veille des armes, il fait son examen de conscience.

L'armée dort au bivouac; nul bruit au dehors; rien
que le désert autour de lui, et au-dessus de lui l'étoile
qui brilla sur le berceau de Moïse. Seul en face de sa
lampe, au milieu du calme de la nuit, ce moment de
Dieu sur la terre, Bonaparte regarde du côté de la
France et il évoque non pas son génie comme César,
mais un génie plus grand, l'esprit de la révolution.

Et alors, il sent frémir la toile de sa tente, comme si
un souffle venait de passer, et il voit apparaître une
femme pâle, un voile sur la tête, c'est l'ombre de 89,
la veuve du xviiie siècle. Et toute la tente resplendit
comme dans la flamme du buisson ardent; Bonaparte

pouvait voir clair en lui et autour de lui, car il n'avait trempé dans aucun acte de la révolution, et par conséquent il n'avait donné aucun otage à l'erreur.

—Écoute, mon fils, lui dit l'ombre, j'ai mis sur toi une intention ; écris dans ton cœur ce que je vais te dicter :

XVII.

« J'ai fait une révolution au soleil de la Bastille, mais cette révolution était-elle simplement dans mon esprit un transfert de pouvoir et un changement de locataire dans un palais ? Non, elle était avant tout la pensée d'un siècle, une théorie en action ; elle portait le nom de Montesquieu, avant de porter mon chiffre, et le nom de Rousseau, avant de prendre le titre de république.

« C'est l'âme de la France passée dans sa loi ; la loi n'en voudrait plus, que la révolution ne périrait pas pour cela ; elle rentrerait au cœur du peuple dont elle est sortie, et, retranchée là comme dans une citadelle, elle attendrait son jour en silence. Comprendre la révolution, c'est donc comprendre la philosophie qui l'a produite et qui la reproduira autant de fois qu'on essayera de la retirer au peuple français.

« Homme de la révolution, tu n'es ce que tu es et tu n'as de raison d'être que par elle ; quelle que soit la hauteur où je te porte, fais-en toujours ta foi et ta providence ; vivant de sa vie plus puissante qu'aucune vie humaine, tu prendras par là un gage contre la perfidie du temps ; car, pour atteindre ton pouvoir, il faudra déranger plus qu'un individu, il faudra déplacer une nation.

« Ainsi donc, identifié à la révolution comme à ta première garantie, tu dois chercher à connaître ce qu'elle a voulu, et à ton tour, et quoi qu'il arrive, le vouloir toujours.

« Elle a voulu d'abord la liberté ; sinon, pourquoi aurait-elle joué la partie contre la monarchie? Pour changer de despotisme ? Mais despotisme pour despotisme, mieux valait garder l'ancien ; elle évitait du moins la dépense du transport.

« Révolution et liberté, tu verras là une seule et même chose, comme la cause et l'effet. C'est pour conquérir la liberté que la révolution a pris la Bastille ; c'est pour défendre la liberté qu'elle a jeté son sang au vent de la frontière. La liberté est la part du peuple dans la victoire ; lui retirer cette part, ce serait le désintéresser de la révolution, ce serait le décourager de son patriotisme : on n'aime pas seulement la patrie pour elle-même, mais encore pour son droit de citoyen.

« La révolution a voulu ensuite l'égalité, non pas cette égalité brutale qui renverse un peuple comme un sablier pour placer dessus ce qui était dessous, mais bien cette égalité rationnelle qui substitue l'ordre de nature à l'ordre de convention, la hiérarchie du mérite à la hiérarchie de naissance.

« La révolution a proclamé l'égalité, et l'égalité, à son tour, a sauvé la révolution, en allant chercher au fond de la plèbe Moreau, Hoche, Masséna, Marceau ; elle donna son épée à tenir au plus digne, et elle mettait sans cesse la victoire au concours.

« t toi-même, qui es-tu à cette heure, sinon le plus éclatant argument du principe d'égalité ? L'ancienne monarchie t'aurait laissé vieillir sous l'épaulette de capitaine, tandis que, grâce à Dieu, maintenant tout homme de bonne volonté vaut ce qu'il vaut et compte selon son mérite. La liberté donne le talent, et l'égalité le met à la tête du gouvernement.

« Le jour où l'opinion publique t'appellera au pouvoir, pose largement ta candidature. Dis à tous, du droit de ta popularité : Hommes de la révolution comme moi, unanimes au début sur son dogme, vous vous êtes divisés sur des nuances d'application, sur des questions de détail, et sous le coup de la passion, et dans l'entraînement de la lutte, vous vous êtes méconnus les uns les autres, vous vous êtes frappés dans les ténèbres. Les meilleurs, nos aînés, sont morts ou proscrits, et la révolution successivement décapitée de tous ses génies, effrayée de ses propres œuvres, arrive, d'élimination en élimination, jusqu'à moi, soldat de fortune, ouvrier de la dernière heure, pour me supplier de la sauver d'elle-même et de la sauver de l'Europe.

« Dis-leur encore : Constituants, feuillants, girondins, jacobins, noms passagers des accidents de la révolution, le temps vous a donné successivement tort dans vos systèmes d'exclusion. Venu le dernier sur la scène, dégagé de toute solidarité dans vos erreurs ou dans vos colères, je vous adjure de vous réconcilier sur mon nom, comme sur un terrain neutre, au cri de : Vive la Révolution ! notre date commune, et de la liberté, notre principe commun.

« Vous, d'abord, vous avez sacrifié la liberté à la frayeur

du désordre; vous, ensuite, vous avez sacrifié la liberté
au danger de la patrie ; donnez-moi votre confiance, et
je vous promets la sécurité à votre foyer, la victoire à la
frontière. Je vous offre en caution, d'une part, *Vendé-
miaire*, et, de l'autre, *Castiglione*. Je pourrai ensuite
aller contempler sous mon figuier, comme le patriarche
de *Mount-Vernon*, le dernier rayon de mon soleil cou-
chant. J'aurai mis mon nom hors de toute atteinte, et
un jour les mères, en allaitant leurs enfants sur leurs
seins, béniront ma mémoire.

« Puis fais comme tu auras dit, mon fils, et tu auras
fondé une nouvelle forme de gouvernement, une démocratie couronnée d'un stathouder. Fonder est un honneur qui n'est donné que de loin en loin à quelques
élus, à Solon, à Washington. Que dis-je? un honneur,
c'est le dernier mot du génie; à quel signe, en effet,
le reconnaît-on , si ce n'est l'originalité ? Et en quoi
consiste l'originalité, si ce n'est à créer un ordre nouveau, c'est-à-dire à prendre le pas du siècle, à marcher avec le siècle, à revivre par conséquent dans
chaque progrès du siècle et à assister, en quelque sorte
du fond de sa tombe, à l'œuvre de chaque génération?

« Quelle est donc aujourd'hui l'œuvre politique et sociale du peuple américain où l'esprit de Washington ne
soit présent, comme le Christ est présent dans le chris-
tianisme? Quelle est la fête publique où l'Américain,
après avoir jeté un regard d'orgueil sur sa patrie, ne
dise au fond du cœur : Washington est là? Une nation
libre est véritablement l'Eucharistie perpétuelle du
fondateur qui lui a conquis la liberté? Quiconque use
de cette liberté ressuscite en lui le libérateur. »

XVIII.

Napoléon écouta une autre voix, et il suivit son destin.
Il y avait la révolution militaire et la révolution philosophique ; il épouse la première et la jette sur l'Europe ; il traverse le monde au galop, il règne à coups
de canon.

Quant à la révolution philosophique, il la traita toujours avec le dédain de l'homme habitué à parler la
main sur le pommeau de son épée. Il pouvait écrire au
frère qu'il avait placé sur le trône de Hollande : *Mon
prédécesseur le Comité de salut public*, mais en aucune
circonstance il n'eût écrit : Mon prédécesseur Voltaire,
bien qu'il ait dit un jour en parlant de Rousseau : Je lui
dois pourtant la couronne.

La France avait failli périr, croyait-il, pour avoir
proclamé la souveraineté de la raison ; aussi appelait-il
la pensée, idéologie, et le penseur, idéologue ; pendant
toute la durée de son règne on pouvait prêter l'oreille
au vent, on n'entendait passer dans l'air que la voix du
souverain qui dialoguait avec lui-même et jouait deux
rôles à la fois, son propre rôle et le rôle du public.

Un jour cependant, c'était au déclin de l'empire, la
nuit allait descendre sur le chemin de sa fortune ; il
sentait en lui ce trouble mystérieux qu'on éprouve à
l'approche du crépuscule. Il marchait avec Fontanes
dans une allée du parc de Fontainebleau, lorsque sai-

sissant tout à coup le bras du courtisan déjà prêt à le
renier pour la légitimité :

« Savez-vous ce que j'admire le plus? lui dit-il;
« c'est l'impuissance de la force pour organiser une so-
« ciété. Il n'y a que deux puissances : le sabre et l'esprit;
« à la longue, le sabre est toujours battu par l'esprit. »

C'était l'ombre de 89 qui lui parlait pour la dernière
fois... Il la noya dans la fumée de la Moskova.

Napoléon tomba ; l'ombre reparut, mais la restaura-
tion en eut peur : Fantôme que me veux-tu? Charles X
fit un coup d'État pour la chasser; elle reparut encore
en Juillet, pour disparaître de nouveau; mais elle repa-
raîtra toujours, avec l'impitoyable patience d'une idée
qui a l'éternité à son service.

Regardez avec attention devant vous, Monsieur le
duc; ne la reconnaissez-vous pas, à ce chiffre de 89
flamboyant comme un météore? Ne la voyez-vous pas,
son titre à la main, qui réclame la créance de la révolution ?

Voulez-vous la repousser indéfiniment par une fin de
non-recevoir? Voulez-vous encore demander crédit au
temps qui ne prête qu'à usure? J'en appelle à la voix
secrète de votre conscience. La France aime-t-elle moins
la liberté en 1863 qu'en 1853 ? le dernier scrutin a fait
la réponse.

Il n'y a pas une ville de quelque importance qui n'ait
voté pour la liberté; et plus on ira, plus on l'aimera;
car le jeûne aiguise la faim; qu'attendez-vous alors?

Nous appartenons, vous et moi, par notre acte de
naissance, à la génération du premier empire; voici
venir l'heure de la chute des feuilles et des avertisse-

ments sévères, que vous ne donnerez pas, que vous recevrez ; le monde sonne creux sous le pied comme le sol d'un cimetière, et à chaque pas en avant on ne fait plus qu'enjamber une tombe et raccourcir un dernier intervalle ; c'est le moment de faire sa paix avec l'inconnu.

Car il y a une chose qui nous survivra et nous jugera tous : c'est la vérité du siècle, cette ombre dont je vous parlais tout à l'heure ; que dis-je ? cette ombre, la réalité vivante au contraire, la souveraine impérieuse qui porte l'ordre de l'histoire et qui marche sur l'obstacle, d'un pas tragique, comme le destin.

PARIS. — IMPRIMERIE DE J. CLAYE, RUE SAINT-BENOIT, 7.

PAGNERRE, LIBRAIRE-ÉDITEUR
rue de Seine, 18, à Paris.

EUGÈNE DELATTRE

DEVOIRS

DU

SUFFRAGE UNIVERSEL

Qu'est-ce que le suffrage universel? D'où vient-il? Où nous conduit-il? Prend-il sa source dans un principe, de l'application duquel doit dépendre le progrès indéfini de la civilisation; ou ne serait-il qu'un instrument banal? N'est-ce qu'une faculté dont chacun peut user à son gré selon sa fantaisie, comme d'une faveur ou d'un privilége, ou bien constitue-t-il une grave obligation sociale?

Certes, peu de questions ont présenté un plus vif intérêt d'actualité. Jusqu'ici, nos lois, sujettes à mille interprétations diverses, et la doctrine, plus vague encore que nos lois, n'ont pu résoudre cet important problème, et c'est ce qui explique l'étrange confusion de langage, d'idées, d'opinions dans laquelle nous vivons aujourd'hui.

Les dissentiments les plus profonds séparent les meilleurs esprits, et les placent dans l'impuissance de combattre avec ensemble l'intérêt qui se pose en dogme, et l'art souple des expédients qui s'érige en principe.

Où est la justice? où est la vérité? où se trouve l'exposé simple et clair des principes qui doivent régir, avant et après l'élection, les rapports des citoyens électeurs avec leurs mandataires députés?

Le problème a été complétement résolu, dans ce livre, par un jeune et ardent écrivain, qui s'est heureusement inspiré des sentiments et des aspirations de nos plus célèbres publicistes modernes. Il a su, de main de maître, exposer la doctrine nouvelle du *droit individuel* et des *devoirs sociaux,* qui, seule, laisse l'espoir de réaliser notre régénération civique.

PRINCIPAUX CHAPITRES DE L'OUVRAGE.

LIVRE Ier. — DEVOIRS SOCIAUX. — L'homme a des droits et des devoirs vis-à-vis de ses concitoyens. L'individu seul a des droits; la société, être collectif, n'a que des devoirs et point de droits. — Les principes de 89 excluent l'existence du droit social. Comment cette fiction devait tuer toutes les anciennes républiques qui l'acceptaient et perdre également 89.

LIVRE II. — DEVOIRS DU SUFFRAGE UNIVERSEL AVANT L'ÉLECTION. — Voter est faire un acte de justice obligatoire... L'abstention est une violation du principe de 89... Vote par bulletin blanc... Serment... Comités électoraux... Des qualités essentielles à exiger dans le candidat... Ce qu'on doit entendre par indépendance chez un député... Est-il juste et utile de réélire les mêmes députés... Candidats solliciteurs du gouvernement... Candidats de l'opposition... Du fonctionnaire imposant le candidat de son choix... Du rôle des journaux dans les élections... Connaissance de la loi électorale, juridiction de la chambre : oubli funeste du droit.

LIVRE III. — DEVOIRS DU SUFFRAGE UNIVERSEL APRÈS L'ÉLECTION. — Obligations de rapports permanents entre les électeurs et les députés... Nécessité des comptes de gestion, en matière d'impôt, en ce qui touche les autres lois, etc... Pourquoi les députés ne se servent-ils pas du journal de leur arrondissement pour faire chaque dimanche leurs rapports à leurs électeurs?... Lettres curieuses à un député silencieux... Comment la plus grande marque d'estime qu'un homme libre puisse donner à son semblable est de lui dire la vérité.

LES

DEVOIRS DU SUFFRAGE UNIVERSEL

Forment un beau volume in-18 jésus. — Prix : 2 fr.

Envoi *franco* contre le prix en *timbres-poste.*